7 Leçon.   Tableau n° 13.

a e é è i o u y l m r n v s j
f z d c k b p g t ai au ei eu
oi ou eau œu

AUTRES SONS OU VOYELLES COMPOSÉES DE PLUSIEURS SORTES DE LETTRES.

an[1] am en em.

in im yn ym ain aim ein

on om

un eun

EXERCICES.

an	yn	om	em	aim
am	ym	un	in	ein
en	ain	eun	im	on
em	ain	an	yn	om
in	ein	am	ym	un
im	on	an	ain	eun

(1) Faites dire d'un seul temps AN, IN, et non A-N... AN; I-N... IN

1845

Suite de la 7ᵉ Leçon.   Tableau nᵒ 14.

RÉCAPITULATION DES CONNAISSANCES ACQUISES.

a e é è i o u y l m r n v s j
f z d x c k b p g t ai au ei
eu oi ou eau œu an am en
em in im yn ym ain aim ein
on om un eun

EXERCICES SYLLABIQUES.

Lin, mon, main, non, nain, van, vin, vain, sein, faim, don, daim, bon, bain, pan, pain, pin, gain, tan, ton, gain, jeun.
Enfin, encan, menton, mondain, rondin, jambon, fanfan, dindon, canton, bambin, bonbon, pinson, ponton, pompon, tampon, tympan.

EXERCICES SUR LES SYLLABES DE CETTE LEÇON ET SUR CELLES DES LEÇONS PRÉCÉDENTES.

Une lampe, une vente, le canon, un faucon, le bambou, la bombe, une pompe, le lendemain, la syntaxe, la timbale.
Un air de fanfare, le lendemain de la fête.

Suite de la 7ᵉ Leçon.　　　　　　Tableau nº 15.

RÉCAPITULATION DES CONNAISSANCES ACQUISES.

a e é è i o u y l m r n v s j
f z d x c k b p g t ai au ei
eu oi ou oï eau œu an am en
em in im yn ym ain aim ein
on om un eun

LECTURE COURANTE.

EXERCICES SUR LES LEÇONS PRÉCÉDENTES.

Le renom, un roman, le rondeau, du savon, un serin, une sonde, un jalon, le gazon, ma tante, une monture, le romarin, un violon, la dépense, la réunion, la fécondité.

Un bon melon, un beau roman, un mouton tondu, la bonté de Dieu, un témoin oculaire.

Le vin de Malaga a été utile au malade. Napoléon a été redouté de l'Europe entière. Dieu punira la vanité de Léon. Il récompensera la piété de Siméon. Aime ton ami. Un air de fanfare me réjouira, il intimidera le daim.

8ᵉ Leçon. Tableau n° 16.

RÉCAPITULATION DES CONNAISSANCES ACQUISES.

a e é è i o u y l m r n v s j
f z d x c k b p g t ai au ei
eu oi ou eau œu an am en
em in im yn ym ain ain ein
on om un eun

ARTICULATIONS OU CONSONNES.

ch⁽¹⁾ gn ph qu gu ill

EXEMPLES.

ch	ill	gu	gu	ill
gn	ch	ill	ch	gu
ph	gn	ch	ph	qu
qu	ph	gn	qu	ph
gu	qu	ph	ill	gn
ill	gu	qu	ph	gn
ph	qu	gu	ill	ch

---

(1) Faites prononcer d'un seul temps CH, GN, et non C-H. CH, G-N..GN; et donnez à chaque signe la prononciation qu'il fait entendre dans la lecture courante.

Suite de la 8ᵉ Leçon.   Tableau nº 17.

RÉCAPITULATION DES CONNAISSANCES ACQUISES.

a e é è i o u y l m r n v s j
f z d x c k b p g t ai au ei
eu oi ou eau œu an am en em
in im yn ym ain aim ein on
om un eun ch gn ph qu
gu ill

EXERCICES SYLLABIQUES.

Ch ou, qu e, qu i, qu oi qu i.
Ch a que, ch i ch e, ch i gn on,
ch i que, ph o que, qu i gn on,
qu an qu an, qu oi qu e, gu i g ne.

EXERCICES SUR LES LEÇONS PRÉCÉDENTES.

Une ligne, le mignon, la rouille, une vigne, une bûche, une paille, du bouilli, un chapeau, le chemin, un cheveu, une chanson, la machine, une montagne, un vigneron, une tenaille, une bataille, un bataillon.

Une jeune vigne, un bon vigneron, du bouilli salé.

Le gui du chêne a été révéré.

Suite de la 8ᵉ Leçon.   Tableau n° 18.

RÉCAPITULATION DES CONNAISSANCES ACQUISES.

a e é è i o u y l m r n v s j
f z d x c k b p g t ai au ci
cu oi ou eau œu an am en em
in im yn ym ain aim ein on
om un eun ch gn ph qu gu ill

LECTURE COURANTE.

EXERCICES SUR LES LEÇONS PRÉCÉDENTES.

Une figue, une caille, une bague, le dauphin, la banque, le château, un évêque, une écaille, une mâchoire, le feuilleton, un archevêque.

Une chataigne mûre, un couteau rouillé, une feuille de vigne, le capuchon du moine, le cachemire de la dame.

Eloigne-toi de l'ami infidèle, de l'ami indigne de toi. Napoléon vaincu, sa famille se retira à Rome. La chaloupe de Léon a chaviré au milieu de la Seine. Léon a été sauvé. Redoute le péché. La bonté de l'évêque a été utile à la pension de mon père. Napoléon a gagné la bataille d'Iéna.

9ᵉ Leçon. Tableau n° 19.

RÉCAPITULATION DES CONNAISSANCES ACQUISES.

a e é è i o u y l m r n v s j
f z d x c k b p g t ai au ei eu oi
ou eau œu an am en em in
im yn ym ain aim ein on om
un eun ch gn ph qu gu ill

EXERCICES SUR LES SONS PRÉCÉDÉS ET SUIVIS D'UNE ARTICULATION.

(1) Lac, lis, leur, mal, mil, mur, roc, nil, nul, neuf, vil, vif, vol, voir, sac, sol, soc, sur, suc, sud, seul, voir, soif, jour, fil, four, dur, duc, bal, donc, cour, bol, par, pur, pair, tuf, peur, pour, char, chair, choir.

Marcheur, mor fil, normal, sortir, subtil, journal, facteur, docteur, fournir, calcul, castor, pasteur, pistil.

EXERCICES SUR LES SYLLABES DE CETTE LEÇON ET SUR CELLES DES PRÉCÉDENTES.

Une larme, une remarque, une marmite.

La chaleur fécondera le pistil de la fleur.

(1) Faites dire LA-C ou L-AC, et non pas L-A-C.

Suite de la 9ᵉ Leçon.   Tableau nº 20.

RÉCAPITULATION DES CONNAISSANCES ACQUISES.

a e é è i o u y l m r n v s j f z d
x c k b p g t ai au ei eu oi ou
eau œu an am en em in im yn
ym ain aim ein on om un eun
ch gn ph qu gu ill

LECTURE COURANTE.

EXERCICES SUR LES LEÇONS PRÉCÉDENTES.

Le local, le marteau, le signal, le canif, une forme, un bémol, le murmure, une révolte, la faculté, la formule, une fortune, une cocarde, le parjure, la torture, une mortalité, la garniture.

Une école normale, l'étude du calcul, le signal de la bataille, le murmure de l'eau, le souvenir d'une bataille.

Regarde, mon ami, la beauté de la nature. Redoute le péché. Aime l'étude. Admire la grandeur de Dieu. Il a donné le signal de la bataille. Aime la loi du Seigneur. L'étude a un charme infini; cultive-la un peu chaque jour.

10ᵉ Leçon. Tableau nº 21.

RÉCAPITULATION DES CONNAISSANCES ACQUISES.

a e é è i o u y l m r n v s j f z
d x c k b p g t ai au ei eu oi ou
eau œu an am en em in im yn
ym ain aim ein on om un eun
ch gn ph qu gu ill

EXERCICES SUR LES ARTICULATIONS INSÉPARABLES.

vr[1] sc sp st fl dr cl cr br pl pr
ps gl gr tr phr scr spl str sph.

EXERCICES SYLLABIQUES.

Vrai, fleur, frein, dru, clé, clou, crac, cri, cru, cran, crin, blé, bloc, bleu, brut, brin, brun, brou, pli, plan, pré, glu, gré, grain, troc, trou, train, tronc.

Spectre, stable, flétrir, cloître, croître, craindre, crible, cribleur, plâtre, propre, prendre, trèfle, triple, tringle.

---

[1] Ne faites pas regarder à l'enfant ces articulations inséparables comme de nouveaux signes, mais comme des exercices sur des signes déjà connus. Il suffira, pour l'exercer, de lui faire prononcer successivement chaque articulation. (Voir les notes des tableaux nᵒˢ 1, 2, 10, 13 et 16).

Suite de la 10ᵉ Leçon.   Tableau nº 22.

RÉCAPITULATION DES CONNAISSANCES ACQUISES.

a e é è i o u y l m r n v s j f z d x c k b p g t ai au ei eu oi ou eau œu an am en em in im yn ym ain aim ein on om un eun ch gn ph qu gu ill

LECTURE COURANTE.

EXERCICES SUR LES LEÇONS PRÉCÉDENTES.

Un stère, une stupeur, un flacon, une friche, un crible, une broche, la plume, une glande, la grêle, une plume, une friture, le tribunal.

Le cadre de la gravure, la clôture du jubilé, le peuple de Dieu, le scandale de la fête, la gloire du seigneur, le nègre du Sénégal.

Le bon Fénélon a été archevêque de Cambrai. Le prophète David a été roi. La chaleur fécondera le pistil de la fleur. Préfère l'utile à l'agréable. On aime un administrateur intègre. Le système admirable de la nature révèle la grandeur de Dieu son auteur.

11ᵉ Leçon.   Tableau nº 23.

RÉCAPITULATION DES CONNAISSANCES ACQUISES.

a e é ê è i o u y l m r n v s j f z
d x c k b p g t ai au ei eu oi ou
eau œu an am en em in im yn
ym ain aim ein on om un eun
ch gn ph qu gu ill.

SECONDE PARTIE.

IRRÉGULARITÉS.

IRRÉGULARITÉS DES SONS.

Nos d.re	IRRÉGU-LARITÉS.	OBSERVATIONS.	EXERCICES.
1	ai er ez	A la fin des mots se prononcent généralement é	irai, aurai, serai. sauter, boucher. nez, chez, prenez.
2	et	Se prononce é quand seul il forme un mot.	et.
3	œ	Se prononce le plus souvent é.	œdème, fœtus.
4	e	Au comm. d'un mot et d. le milieu d'une syllabe se prononce è	mer, ver, perdu.
5	eu	Se prononce u dans	j'ai eu, il a eu.
6	y	Entre deux sons se prononce ii.	ayez, voyez, loyal.
7	en	Se prononce quelquefois IN.	bien, sien, mien.
8	um	Se pronon. OME dans	forum, labarum.
9	ueil	Se pron. EUILL dans	écueil, recueil.

Suite de la 11ᵉ Leçon.   Tableau n° 24.

RÉCAPITULATION DES CONNAISSANCES ACQUISES.

a e é è i o u y l m r n v s j f z
d x c k b p g t ai au ei eu oi ou
eau œu an am en em in im yn
ym ain aim ein on om un eun
ch gn ph qu gu ill.

EXERCICES SUR LES LEÇONS PRÉCÉDENTES.

(1) Un merle, le reste, la vertu, un sermon, une ferme, la ferveur, une perle, une serpe, du mercure, un amandier.

La semaine dernière, une œuvre servile, le fermier de mon père, la perversité du siècle, le sermon du prêtre, la merveille du siècle.

Estimez la probité. Gouvernez selon la loi. Respectez le ministre du Seigneur. Aimez et révérez votre père et votre mère. Pratiquez la vertu. Le sermon du prêtre a touché le pécheur. La morale consiste à faire le bien et à éviter le mal.

---

(1) Rappelez au besoin les observations des nᵒˢ auxquels les irrégularités correspondent.

Suite de la 11ᵉ Leçon. Tableau n°. 25

RÉCAPITULATION DES CONNAISSANCES ACQUISES.

a e é è i o u y l m r n v s j
f z d x c k b p g t ai au ei
eu oi ou eau œu an am en em
in im yn ym ain aim ein on
om un eun ch gn ph qu gu ill

LECTURE COURANTE.

EXERCICES SUR LES LEÇONS PRÉCÉDENTES.

(1)
Un merlan, une serpe, le fermier, une perte, une servante, une berline, un bijoutier, un voiturier.

Un chef d'atelier, le serviteur de mon maître, la vertu du remède, un chef de bataillon, le jardinier de mon père.

L'ermite couche sur la dure et le riche sur l'édredon, l'un calme Dieu par son répentir, l'autre provoque sa colère par une froideur coupable. Aimez et respectez Dieu. Jephté a exécuté un vœu funeste. J'aime à chanter un cantique à la gloire du Seigneur.

(1) Rappelez au besoin les observations des nᵒˢ auxquels les irrégularités correspondent.

12ᵉ Leçon.   Tableau n° 26.

LECTURE COURANTE PROPREMENT DITE.

a e é è i o u y l m r n v s j f z d x
c k b p g t ai au ei eu oi ou eau
an am en em in im yn ym ain aim
ein on om un eun ch gn ph gu qu ill

SUITE DES IRRÉGULARITÉS.

Irrégularités des Articulations.

Nos d're	IRRÉGULARITÉS	OBSERVATIONS.	EXERCICES.
10	ç	se prononce toujours s	maçon, suçoir.
11	x	se prononce s dans	dix, soixante.
12	s	ent. deux sons se pron. z	oiseau, maison.
13	x	se prononce z dans	dixaine, dixième.
14	il	à la fin d. mots se p. ill	travail, soupirail.
15	qu	se prononce cou dans	quatuor, équateur
16	x	se prononce gz dans	exil, exigu, exorde
17	c	devant E, I, Y se pron. s	ceci, race, durci.
18	g	devant E, I, Y, se pron. j	juge, général.
19	t	devant IAL et ION se p. s	action, partial.
20	gu	se prononce gu-u dans	arguer, aiguille.
21	q	se prononce c dans	coq, cinq.

Suite de la 12ᵉ Leçon.   Tableau n° 27.

RÉCAPITULATION DES CONNAISSANCES ACQUISES.

a e é è i o u y l m r n v s j f z d x c k b p g t ai au ei eu oi ou eau œu an am en em in im yn ym ain aim ein on om un eun ch gn ph qu gu ill.

EXERCICES SUR LES LEÇONS PRÉCÉDENTES.

(1) La raison, le nageur, le juge, la force, le cerveau, la livraison, la reserve, la fiction, l'ambition, le logicien.

Une cerise mûre, une grande cage, le général sévère, un gîte convenable, une ignorance profonde, une tige de chanvre, de la cendre chaude, la générosité du général, le registre du receveur.

J'aime à être à l'église, et à y entendre la parole de Dieu. Evitez le mensonge. Dieu protége la veuve et l'orphelin. Soyez l'ami et le défenseur de la justice et de la probité. L'étude a un charme indicible; cultivez-la un peu chaque jour.

---

(1) Rappelez au besoin les observations des nᵒˢ auxquels les irrégularités correspondent.

Suite de la 12ᵉ Leçon.   Tableau n° 28.

RÉCAPITULATION DES CONNAISSANCES ACQUISES.

a e é è i o u y l m r n v s j
f z d x c k b p g t ai au ci
eu oi ou eau œu an am en
em in im yn ym ain aim ein
ch gn ph qu gu ill.

LECTURE COURANTE.

EXERCICES SUR LES LEÇONS PRÉCÉDENTES.

(1) Une maison, une rose, le vice, une licence, le novice, une vision, la caserne, un cierge, la cigale, la résistance, la nonchalance, la générosité.

Une action vertueuse, la chaleur du soleil, la leçon de lecture, une notion de calcul, la générosité du Seigneur.

Dieu exauce la prière d'une mère sage qui l'implore. Dieu bénira celui qui le craindra et qui le servira.

---

(1) Rappelez au besoin les observations des nᵒˢ auxquels les irrégularités correspondent.

13ᵉ Leçon. Tableau n° 29.

RÉCAPITULATION DES CONNAISSANCES ACQUISES.

a e é è i o u y l m r n v s j
f z d x c k b p g t ai au ei
eu oi ou œu eau an am en em
in im yn ym ain aim ein on
om un eun ch gn ph qu gu ill.

SUITE DES IRRÉGULARITÉS.

Exercices sur les mots où les lettres initiales, médiales et finales n'ajoutent rien à la prononciation.

INITIALES.	MÉDIALES.	FINALES.
schisme.	Saône.	mais.
scheling.	Taon.	tout.
(1) ha!	Caen.	vous.
haïr.	baptême.	chaud.
haleine.	sept.	paix.
héroïne.	thé.	est.
hostilité.	Théorie.	prompt.
horizontale.	abbé.	défaut.
historique.	asseoir.	ils pensent.

(1) La lettre h, aspirée ou muette, ne peut être exprimée par aucune dénomination, quelque faible qu'elle soit.

13 Leçon (*bis*).   Tableau n° 30.

RÉCAPITULATION DES CONNAISSANCES ACQUISES.

a e é è i o u y l m r n v s j
f z d x c k b p g t ai au ei
eu oi ou eau œu an am en
em in im yn ym ain ain ein
on om un eun ch gn ph qu
gu ill.

EXERCICES SUR LES LEÇONS PRÉCÉDENTES.

(1) Jésus-christ est le fils de Dieu fait homme. Dieu et homme tout ensemble, c'est-à-dire qu'il a réuni dans une seule personne, qui est la personne du fils de Dieu, la nature divine et la nature humaine. C'est notre Dieu. C'est le Dieu des chrétiens et de tout le genre humain. Il enseigne que tous les hommes sont frères, qu'ils doivent aimer Dieu par-dessus tout et s'aimer entr'eux. Sa morale est admirable. Elle est renfermée dans l'évangile qui est le code du riche et du pauvre. Elle est répandue en tous lieux.

(1) Rappeler au besoin les observations des n°s auxquels les irrégularités correspondent.

Suite de la 13ᵉ Leçon. Tableau nº 31.

RÉCAPITULATION DES CONNAISSANCES ACQUISES.

a e é è i o u l m r n v s j l z d x c k b p g t ai au ci eu oi ou eau œu an am en em in im yn ym ain aim ein on om un eun ch gn ph qu gu ill.

SUITE DE L'EXERCICE PRÉCÉDENT. (1)

Cette morale divine nous apprend que nous devons oublier les injures, pardonner à nos ennemis. Elle condamne l'orgueil et élève l'humilité. Elle commande la patience dans les disgraces, la soumission à la loi divine comme aux lois civiles; elle veut qu'on rende à César ce qui est à César, et à Dieu ce qui est à Dieu. Sa loi est une loi de charité et d'amour, de vérité et de justice, qui doit nous rendre heureux ici bas et plus heureux encore dans l'autre vie.

Rappeler au besoin les observations des nos auxquels les irrégularités correspondent.

FIN DE LA MÉTHODE.

14ᵉ Leçon.   Tableau n° 32.

ALPHABET USUEL,
DANS L'ORDRE DES DICTIONNAIRES.

MINUSCULES.

a b c d e f g h i j k l m n

N. usuels: bé sé dé é effe je ache ji ca elle emme enne

o p q r s t u v x y z.

pé cu erre esse té vé ixce igrec zède.

ANGLAISES.

a b c d e f g h i j k l m
n o p q r s t u v x y z

ITALIQUES.

a b c d e f g h i j k l m
n o p q r s t u v x y z.

RONDES.

a b c d e f g h i j k l m
n o p q r s t u v x y z.

GOTHIQUES.

a b c d e f g h i j k l m o p q r s t u v x y z

15ᵉ Leçon.   Tableau nº 33.

LECTURE COURANTE PROPREMENT DITE.

ALDRIC ET ANATOLE.

Aldric n'avait que six ans et déjà il aimait à aller à l'école. Dès que sa mère l'éveillait, il se levait et courait se faire laver et peigner. A l'école il se tenait tranquille à sa place, et écoutait attentivement ce que disait le maître. Quand on lui faisait une question, il répondait modestement à voix haute en regardant le maître.

Anatole, au contraire, pleurait toujours quand il devait aller à l'école. Communément il venait trop tard, et manquait à faire la prière du matin avec les autres enfants. Lorsqu'on lisait, au lieu de prêter attention, il regardait çà et là, ou bien causait avec d'autres et leur faisait des niches. Lorsque le maître racontait quelque chose, jamais il n'écoutait.

Quelque soit votre état instruisez-vous sans cesse ?
Accoutumez-vous bien à l'occupation ;
Chacun en a besoin, l'utile instruction,
Du riche est l'ornement, du pauvre la richesse.

16e Leçon.   Tableau n°.34

SUITE DE LA LECTURE COURANTE.

LÉON ET FLORENTINE.

Léon et sa sœur Florentine, en allant à la ville, rencontrèrent en leur chemin un pauvre petit garçon pâle, défait, tout couvert de haillons. Florentine en l'apercevant dit à son frère : « L'autre jour chez ma tante on nous a donné quelques sous : Eh bien ! avec cet argent-là nous pourrions suppléer aux premiers besoins de ce pauvre enfant. » — « Oui certainement, répondit le frère, je le veux bien, et je suis content de ne pas avoir dépensé ma part ; car, pour moi, un acte de charité me sera plus agréable que des fruits et des gâteaux. » — « Tenez, pauvre petit malheureux, prenez cet argent, dirent les deux enfants, nous n'en avons pas besoin ; mais vous, c'est différent. » — Dieu vous bénisse, répondit le pauvre, et il s'éloigna.

17ᵉ Leçon.　　　　　　Tableau nº 35.

SUITE DE LA LECTURE COURANTE.

ANDRÉ.

André, fils d'un meûnier, avait cueilli de belles citrouilles qu'il venait à chaque instant considérer avec un plaisir qui tenait de l'admiration. Son père lui reprocha plusieurs fois de perdre niaisement son temps. André ne tint aucun compte de l'avertissement.

Un matin, les citrouilles étant disparues, notre fainéant se mit dans une grande colère et s'en plaignit à haute voix ; son père qui allait partir avec sa mère pour la ville, lui dit : « Remue avec soin le grain qui est dans le grenier, je te promets de te faire retrouver tes citrouilles. »

Quand le fermier revint, il appela son fils, et lui demanda s'il avait exécuté ses ordres. « Oui, mon père, j'ai remué le grain deux fois », répondit-il. — Eh bien, et les ci-

Suite de la 17ᵉ Leçon.　　　　Tableau nº 35.

trouilles? — J'ai cherché partout sans pouvoir les découvrir. — Effronté menteur, s'écria le père d'un ton irrité, si tu avais retourné le grain, tu les aurais retrouvées, car je les ai cachés hier au milieu du tas. »

Le fils confondu, rougit de honte et demanda pardon à son père, qui lui répondit: « Sache qu'un mensonge est toujours dévoilé, et que le coupable n'en retire que de la confusion.

FIN

Pithiviers, imp. de CHENU.

www.ingramcontent.com/pod-product-compliance
Lightning Source LLC
Chambersburg PA
CBHW060932050426
42453CB00010B/1972